un jour, un pas de français

프랑스어, 가볍게 한 입 시리즈

지은이 김명희

1

프랑스어 발음, 혀가 춤추게

신아사

차례

들어가는 말

프랑스어 발음, 왜 이렇게 어렵게 느껴질까요? 목 깊숙한 곳에서 끌어올리듯 발음해야 하고, 철자대로 읽히지도 않으니 처음엔 당황스럽기 마련입니다. 게다가 한국어와는 전혀 다른 소리 체계를 가지고 있어서, 처음 접하면 어색하고 낯설게 느껴지죠.

하지만 걱정하지 마세요. 꼭 알아야 할 핵심 규칙과 실수 방지 팁만 콕 집어 정리했습니다. 한국어 발음과 비교해가며 직관적으로 이해할 수 있도록 구성했고, 연습을 통해 자연스럽게 프랑스어 발음의 리듬을 익히는 방법도 담았어요.

프랑스어 발음 정복 꿀팁!

프랑스어 발음은 하루 **5**분만 꾸준히 투자해도 눈에 띄게 달라질 수 있어요. 단어 하나하나만 따로 외우기보다는, 문장 전체를 통째로 따라하면서 발음 리듬을 몸에 익히는 것이 훨씬 효과적입니다.

원어민 발음을 바로 확인할 수 있도록, **QR** 코드를 통해 실제 발음 예시 사이트로 연결해 두었습니다. 필요할 때마다 바로 듣고 따라 할 수 있으니, 반복 학습에 딱 좋습니다.

Un jour, un pas de français

프랑스어, 가볍게 한 입 시리즈

1

프랑스어 발음, 혀가 춤추게

MISSION 1

프랑스어 발음이 어려운 이유는?

처음엔 주문처럼 들려도, 알고 보면 규칙이 보여요!

한국어와 다른 3가지 핵심 차이

① 모음 수부터 달라요.

한국어는 10~21개, 프랑스어는 콧소리 포함 16개 이상이며 발음이 더 다양하고 복잡해요.

② 콧소리(비강 모음)가 따로 있어요.

입이 아니라 코로 울려요! 한국어에는 없는 소리예요.

③ 단어가 이어져 발음돼요.(연음 & 연결음)

한국어도 연음 규칙이 있지만, 프랑스어는 어떤 경우에 꼭 연음을 해야 하는지까지 문법으로 정해져 있어요.

한국인이 어려워하는 프랑스어 발음 TOP 5

① "R" 발음 - 혀 말고, 목젖을 울려서 발음해요.

TIP 목 뒷부분을 진동시키며 "크흐흐~" 연습해 보세요.

한국어 'ㅎ'보다는 더 깊고 굵은 소리로 내는 게 포인트예요.

🎧 MP3를 듣고 연습해 보세요.

Camille : Regarde-moi, mon cœur.

나 봐, 자기야!

Julien : Oh, tu es très jolie !

오, 너무 예쁘네!

Camille : Parfait pour le rendez-vous, non ?

데이트에 딱이지, 그지?

한국인이 어려워하는 프랑스어 발음 TOP 5
② 비음모음 - 코로 공기를 빼며 발음해요.

TIP 콧소리를 강조해서 '응~' 하며 소리의 울림을 느껴보세요.
말끝에 콧소리 한 스푼 더해주는 게 핵심이에요.

MP3를 듣고 연습해 보세요.

Julien : Un verre de vin blanc, ça te dit ?
좋은 화이트 와인 한 잔 마실래?

Camille : Oui, j'adore ça !
응, 나 정말 좋아해!

Julien : C'est parfait après le boulot.
퇴근 후엔 최고지.

한국인이 어려워하는 프랑스어 발음 TOP 5

③ 복합모음 - 모음이 합쳐져 하나처럼 들려요.

TIP 모음들이 부드럽게 이어지도록 천천히 읽으며 연습해 보세요. 따로따로 발음하기보다 '스무디'처럼 자연스럽게 섞이는 게 핵심이에요.

MP3를 듣고 연습해 보세요.

Camille : Tu veux un gâteau au chocolat ?
초콜릿 케이크 먹을래?

Julien : Oui, j'adore ça.
응, 나 진짜 좋아해.

Camille : Et un verre de vin pour ce soir ?
오늘 저녁엔 와인 한 잔?

한국인이 어려워하는 프랑스어 발음 TOP 5
④ 반모음 - 모음이 살짝 바뀌어요.

TIP 반모음은 짧고 빠르게, 다음 모음으로 부드럽게 넘어가세요.
'스치듯' 짧게, 음을 끌지 않는 게 중요해요.

MP3를 듣고 연습해 보세요.

Camille : Tu as vu le ciel aujourd'hui ?
오늘 하늘 봤어?

Julien : Oui, pas un seul nuage !
응, 구름 한 점도 없어!

Camille : C'est fou. On dirait une carte postale.
놀랍다. 엽서 같아.

한국인이 어려워하는 프랑스어 발음 TOP 5

⑤ 연음 & 연결음 - 단어를 자연스럽게 이어서 읽어요.

TIP 앞 단어와 뒤 단어가 자연스럽게 이어지도록 연결해 보세요.
단어 사이를 끊지 말고, 흐르듯 이어 읽는 게 프랑스식이에요.

MP3를 듣고 연습해 보세요.

Camille : Vous avez une petite amie ?
여자친구 있으세요?

Julien : Non, pas encore… je cherche toujours..
아직은요… 계속 찾고 있어요.

Camille : Ah… alors je peux peut-être vous aider ?
아… 그럼 제가 도와드릴 수도 있겠네요?

MISSION 1 끝장 연습

[연습 1] 이건 한국어랑 확실히 다르다!

아래 단어들을 소리 내어 읽고, 느껴지는 차이를 체크해 보세요.

단어	내가 느낀 발음 포인트	익숙함	새로움	헷갈림
bon	코로 울리는 느낌	☐	☐	☐
vin	코로 울리는 느낌	☐	☐	☐
vous avez	부드럽게 이어짐	☐	☐	☐
Regarde-moi	R 소리가 목 깊숙이	☐	☐	☐

[연습 2] 듣고 따라 말해보기!

QR을 통해 음성을 듣고 아래 문장을 따라 말해 보세요.
3번 반복하며 어떤 부분이 어려웠는지 적어 보세요.

Regarde-moi, mon cœur !

____.

[연습 3] 나만의 발음 관찰 메모

오늘 배운 발음 중 가장 신기했던 점이나 헷갈리는 부분을 적어 보세요.

예: “R은 목젖에서 나온다는 걸 몰랐어요. 자꾸 ‘ㄹ’처럼 돼요.”

____.

____.

[연습 4] 소리 느낌으로 이름 붙이기

다음 발음에 대해 당신만의 ‘별명’을 붙여보세요! 재미있게 기억해 봐요.

발음 유형	별명 예시
R 발음	예: ‘목젖 드릴 소리’
비모음(nasal)	예: ‘코 울리는 귀신 소리’
연음 / 연결음	예: ‘프랑스식 줄넘기’

MISSION 2

프랑스어 알파벳, 영어랑 뭐가 달라요?

“영어 알파벳이랑 비슷하게 생겨도, 똑같이 읽으면 안 돼요.”

프랑스어 알파벳의 특징은?

| “영어 알파벳이랑 비슷하게 생겨도, 똑같이 읽으면 안 돼요!”

| 대부분 모음이 강조되며, 자음의 끝소리도 한국어/영어와 달라요.

| 스펠링을 읽는 연습이 발음 훈련의 기본이에요!

프랑스어 알파벳 A~Z 듣고 따라 읽기

알파벳	발음기호	발음 요령
A	[a]	[아]
B	[be]	[베]
C	[se]	[쎄]
D	[de]	[데]
E	[ə]	[으]
F	[ɛf]	[에프]
G	[ʒe]	[줴]
H	[aʃ]	[아슈]
I	[i]	[이]
J	[ʒi]	[쥐]
K	[ka]	[꺄]
L	[ɛl]	[엘르]
M	[ɛm]	[엠므]
N	[ɛn]	[엔느]
O	[o]	[오]
P	[pe]	[뻬]
Q	[ky]	[뀌]
R	[ɛʁ]	[에흐]
S	[ɛs]	[에쓰]
T	[te]	[떼]
U	[y]	[위]
V	[ve]	[베]
W	[dubləve]	[두블르베]
X	[iks]	[익스]
Y	[igʁɛk]	[이그헤끄]
Z	[zɛd]	[제드]

알파벳 발음이 달라지는 대표 사례
① H는 묵음 - 없어도 괜찮아요.

TIP H는 그냥 무시하고 발음하세요.

프랑스어의 H는 있지만, 소리 내지 않는 '침묵의 존재'예요!

MP3를 듣고 연습해 보세요.

Zoé : Tu aimes l'hiver ?

너 겨울 좋아해?

Max : Oui, j'aime bien l'hiver.

응, 겨울 좋아해.

Zoé : Moi aussi, surtout quand il neige !

나도! 특히 눈 올 때!

알파벳 발음이 달라지는 대표 사례
② E 발음 - 구별하면 프랑스어가 들리기 시작해요.

TIP é / è / e 구분해서 소리 내어 읽어 보세요.
입 모양만 봐도 소리가 달라져요.

E 발음 유형 정리표

철자	발음	예제 단어	발음 요령
é	[e]	été (여름)	[에떼] 닫힌 "에"
è / ê / e	[ɛ]	mère (엄마), tête (머리)	[매흐, 때뜨] 열린 "애"
e (묵음 e)	[ə] / 소실	petit (작은)	[쁘띠] 약한 '으'

🎧 MP3를 듣고 연습해 보세요.

Emma : Tu aimes l'été ?
너 여름 좋아해?

Léo : Oui, j'aime l'été et la mer.
응, 여름이랑 바다 좋아해.

Emma : J'adore nager à la mer!
바다에서 수영하는 거 정말 좋아!

알파벳 발음이 달라지는 대표 사례
③ C, P, T 발음 - 상황 따라 바뀌는 소리예요.

TIP 단어 안의 C, P, T는 모음·자음에 따라 소리가 달라져요. 상황 따라 바뀌는 '발음 변신 3총사!' 흐름 속에서 소리를 바꿔 보세요.

반모음 유형 정리

발음 조건	발음	예시 단어	발음 요령
C + a, o, u	[k]	café (커피), cours (수업)	[ㄲ]
C + e, i, y	[s]	cent (백), cinq (다섯)	[ㅆ]
ç (세디유)	[s]	garçon (소년)	[ㅆ]
기본 P, T	[p], [t]	Paris (파리), taxi (택시)	[ㅃ / ㄸ]
P+R, T+R	[p], [t]	prince (왕자), très (아주)	[ㅍ / ㅌ]

🎧 MP3를 듣고 연습해 보세요.

Léa : Tu veux aller prendre un café ?
커피 마시러 갈래?

Nico : Oui, et un croissant aussi !
응, 그리고 크루아상도 하나!

Léa : Très bien. On y va en taxi alors !
좋아, 그럼 우리 택시로 가자

알파벳 발음이 달라지는 대표 사례

④ X는 진짜 변신왕이에요.

TIP 단어에 따라 X의 발음이 달라져요!

모든 걸 외우려 하지 말고, 자주 쓰는 단어부터 익숙해져 봐요.

X 발음 변화 정리표

철자	발음	예제 단어	발음 요령
x	[ks]	taxi (택시)	[딱시]
x	[gz]	examen (시험)	[에그자망]
x	[s]	six (6)	[시스]
x	[z]	deuxième (2번째)	[두지엠므]

MP3를 듣고 연습해 보세요.

Emma : Tu as un examen ?
시험 있어?

Lucas : Oui. J'en ai six !
응. 여섯 개나 있어!

Emma : Tu y vas en taxi ou en bus ?
택시 타고 가? 버스 타고 가?

MISSION 2 끝장 연습

[연습 1] 알파벳 따라 읽기 게임

보기의 프랑스어 알파벳을 듣는 대로 연결해 보세요!

알파벳	들리는 소리 연결
G	a. 꺄
C	b. 줴
K	c. 쎄
H	d. 아슈
A	e. 아

정답: G-__ / C-__ / K-__ / H-__ / A-__

[연습 2] X의 마법 – 어떤 소리일까?

각 단어의 x 발음을 골라 보세요! (보기: ks / gz / s / z)

단어	발음
examen	___
six	___
deuxième	___
taxi	___

[연습 3] C는 쎄? 꺄? 상황 따라 달라요!

다음 단어 속 C는 발음이 [k]인가요, [s]인가요?

단어	발음 (k / s)
café	________
cent	________
garçon	________

💡 a, o, u가 오면 [k] / e, i가 오면 [s]

[연습 4] E 발음 골라보자!

단어 속 E는 어떤 소리일까요? ([e] / [ɛ] / [ə])

단어	E 소리
été	______
mère	______
petit	______

MISSION 3

악상 하나에 발음이 달라진다고요?

"기호 하나로 발음도, 뜻도 확 바뀌어요!"

악상(ACCENT)의 역할은?

| 프랑스어에서 악상은 발음, 의미를 바꾸는 중요한 기호예요.

| 어떤 악상이 붙느냐에 따라 소리가 달라지고 뜻도 확 바뀌어요.

| 악상을 구별하는 게 정확한 발음과 이해의 시작이에요.

① 악상 종류 - 기호별 역할을 한눈에 살펴봐요.

TIP "생긴 건 기호지만, 하는 일은 생각보다 크다!"

각 악상마다 발음과 의미를 바꾸는 숨은 실력자예요.

악상 정리표

기호	이름	기능
é	Accent aigu (악상 떼기)	e를 닫힌 [e] 소리로 만듬
è	Accent grave (악상 그라브)	e를 열린 [ɛ] 소리로 만듬
ê	Accent circonflexe (악상 시흐꽁플렉스)	e를 열린 [ɛ] 소리로, 과거 철자 보존
ë	Tréma (트레마)	모음을 따로따로 발음
ç	Cédille (쎄디유)	C를 [s] 소리로 변환

악상 하나로 뜻이 달라지는 경우

단어	의미	설명
ou	또는	평범한 접속사
où	어디	악상 하나로 의문사로 바뀜

② 악상별 실전 포인트를 정리해 봐요.

TIP "이 소리, 어디서 바뀌었나 했더니… 악상 때문이었어!"
입 모양부터 발음까지, 악상 하나면 확 달라져요!

| é → 입을 작게 벌리고 닫힌 '에' 소리 → [e]

예: été (여름)→ 에떼

| è / ê → 입을 넓게 벌리고 열린 '애' 소리 → [ɛ]

예: mère(어머니), fête(축제) → 매흐, 패뜨

| ë → 모음을 구분해서 각각 발음

예: Noël (크리스마스)→ 노엘 (No-el)

⚠ cœur (심장) → 꽤흐 (ø)
→ œ가 하나의 묶인 모음 소리로 발음됨 (분리 X)

| ç → C를 [k]가 아니라 [s] 소리로 바꿈

예: garçon(소년) → 가흐쏭

MISSION 3 끝장 연습

[연습 1] 알맞은 뜻 고르기

밑줄 친 부분을 보고, 어떤 뜻인지 골라 보세요.

1) Tu veux ou tu veux pas ?

( ) 또는 / ( ) 어디

2) Où est mon livre ?

( ) 또는 / ( ) 어디

[연습 2] 악상 따라 달라지는 발음을 연결해 보세요.

비슷한 소리가 나는 단어끼리 짝꿍을 찾아보세요!

기준 단어	발음 느낌	보기 (1개 고르기)
été	[e] / 에떼	① frère ② fête ③ étudier ④ mère
mère	[ɛ] / 매흐	① été ② café ③ école ④ fête
Noël	[oɛl] / 노-엘	① naïf ② garçon ③ frère ④ voix
garçon	[ɔ̃] / 가흐쏭	① vin ② maison ③ nom ④ reçu

[연습 3] 악상 이름 맞히기

아래 단어의 악상 이름을 써보세요.

단어	악상 기호	악상 이름 (한글 or 프랑스어)
été	é	
mère	è	
fête	ê	
Noël	ë	
garçon	ç	

[연습 4] 직접 써보는 소감

악상 공부해보니 어땠나요?

기억에 남는 단어, 소리, 놀라운 점을 자유롭게 써보세요!

예: "ou / où 차이 진짜 신기해요!"

예: "é랑 è는 헷갈리지만, 입 모양으로 외우면 될 듯!"

____.

MISSION 4

모음, 프랑스어에서는 왜 이렇게 많죠?

"프랑스어 모음은 입·코·공기까지 움직인다!"

모음의 특징은?

① 프랑스어 모음은 그냥 "아, 에, 이, 오, 우"로 끝나지 않아요!

② 프랑스어 모음은 총 4가지 종류로 나뉘어요.

③ 입, 코, 공기의 흐름까지 섬세하게 조절해서 내는 소리예요.

④ 소리의 미세한 차이를 알게 되면, 프랑스어가 훨씬 자연스럽게 들려요!

① 단모음 (Voyelles simples) – 기본 모음이에요.

TIP “프랑스어 모음, 입 모양이 달라지면 소리도 달라져요!”

각각의 모음은 입의 크기·길이·모양에 따라 고유한 소리로 발음돼요!

단모음 정리표

단모음	발음기호	발음 요령
a	[a]	[아] – 입 크게 벌리기
e	[ə]	[으]– 입술 살짝 내밀기
i	[i]	[이]
o	[o]	[오]– 입 둥글게 모으기
u	[y]	[위] – 입술 오므리기
y	[i]	[이] (y=모음)

Mini 발음 연습

- ami [a] (친구)
- école [e] (학교)
- livre [i] (책)
- rose [o] (장미)
- lune [y] (달)

MP3를 듣고 연습해 보세요.

- [a] 소리:

Mon ami est français. (내 친구는 프랑스인이야.)

- [e] 소리:

L'école est grande. (학교가 크다.)

- [i] 소리:

Le style est moderne. (스타일이 현대적이다.)

- [y] 소리:

La lune est brillante. (달이 빛나고 있다.)

- [o] 소리:

La rose est belle. (장미가 아름답다.)

② 복합모음 (Voyelles composées) – 모음이 합쳐졌어요.

TIP "두 소리가 만나 하나로 뭉치면, 프랑스어에선 마법이 시작돼요."

소리도 뜻도 자연스럽게 이어지며, 하나의 음절로 느껴지죠.

복합모음 정리표

복합모음	발음기호	예제 단어	발음 요령
ai, ei	[ɛ]	bala i(빗자루), reine (여왕)	[애]
au, eau	[o]	gâteau (케이크), auto (자동차)	[오]
ou	[u]	rouge (빨간색), route (도로)	[우]
oi	[wa]	moi (나), voiture (자동차)	[우아]
eu, œu	[ø], [œ]	feu (불), cœur (심장)	[우, 왜]

발음포인트

- [ø] → 입술을 앞으로 오므리고 짧게 → [우]처럼 들림
- [œ] → 입술을 오므린 채 입을 움직이지 않고 "왜"처럼 발음

🎧 MP3를 듣고 연습해 보세요.

• [ɛ] 소리 (ai, ei)

La Seine est belle le soir. (센느강은 저녁에 아름답다.)

• [o] 소리 (au, eau)

Le gâteau est délicieux. (케이크가 맛있다.)

• [u] 소리 (ou)

Je vais au café tous les jours. (나는 커피숍에 매일 간다.)

• [wa] 소리 (oi)

Je vois une voiture rouge. (나는 빨간 차를 본다.)

• [ø], [œ] 소리 (eu, œu)

Je veux un croissant au beurre. (버터크로와상 먹고 싶어.)

③ 반모음 (Semi-voyelles) - 스쳐 지나가요.

TIP 모음처럼 보이는데 스쳐 지나가요? 그럼 반모음이에요!
짧지만 발음을 자연스럽게 만들어 주는 중요한 소리예요.

반모음 정리표

반모음 형성	발음기호	예제 단어	발음요령
i + 모음	[j]	pied (발), ciel (하늘)	[삐예, 씨옐]
u + 모음	[ɥ]	nuit (밤), huile (기름)	[뉘이, 위일르]
ou + 모음	[w]	oui (예)	[위이]

발음포인트

- [j]는 '이', [ɥ]는 '위', [w]는 '우'에 가까운 느낌!
- 앞 모음이 짧아지고 자음처럼 스쳐 지나가며,
  이어지는 모음도 변형되어 하나의 부드러운 소리 덩어리를 만든다!

🎧 MP3를 듣고 연습해 보세요.

• [j] 소리 (i + 모음)

Le ciel est très bleu. (하늘 진짜 파래.)

ciel [sjɛl]

→ 발음기호 [j]는 '이'라고 길게 발음하지 않고

→ 짧게 '이' 발음하고, 이어오는 모음 'e' 소리를 변형하여 '예'로 발음해요.

→ 전체적으로 "씨엘"이 아닌 "씨옐"에 가깝게 들려요!

• [ɥ] 소리 (u + 모음)

Le nuage est gris. (구름이 회색이야)

nuage [nɥaʒ]

→ '위'처럼 들리지만, u는 짧게 [ɥ]로 발음되고

→ [ɥ]+[a]가 부드럽게 이어지며, 하나의 음절처럼 흘러요.

→ 전체적으로 "뉘야주"처럼 자연스럽게 이어집니다.

• [w] 소리 (ou + 모음)

Il dit toujours "oui" ! (그는 항상 "예스"라고 해!)

oui [wi]

→ '우이'가 아니라 '위'처럼 한 음절에 가깝게

→ [w]는 반모음으로, 자음처럼 스치며 지나갑니다.

→ 전체적으로 "우이"보다는 "위이"에 가깝게 들려요!

④ 비모음 (Voyelles nasales) - 코로 소리 나요.

TIP "프랑스어엔 코로 내는 소리가 따로 있어요!"

모음과 자음이 결합된 듯한 이 소리는, 크게 울려요!

비모음 정리표

비모음	발음기호	발음 요령
an, am, en, em	[ɑ̃]	[앙] – 코로 울리는 '아' 소리
ain, ein, in, im, yn, ym	[ɛ̃]	엥 → 실제로는 '[앙]'에 가까운 소리
on, om	[ɔ̃]	[옹] – 둥글게 울리는 소리
un, um	[œ̃]	왱 → 실제로는 '[엉]'에 가까운 소리
oin	[wɛ̃]	'[우앙]' 에 가까운 소리

발음포인트

- [ɛ̃] 발음은 실제로 '엥'보다는 '앙'에 가까운 소리입니다.
- [œ̃] 발음은 실제로 '왱'보다는 '엉'에 가까운 소리입니다.
- [wɛ̃] 발음은 '우앙'에 가까운 소리입니다.

🎧 MP3를 듣고 연습해 보세요.

• [ɛ̃], [ɑ̃] 소리

Il boit du vin blanc. (그는 화이트 와인을 마신다.)

• [ɔ̃] 소리

La maison est grande. (집이 크다.)

• [œ̃] 소리

Un parfum flotte dans l'air. (향기가 공기 중에 퍼진다.)

• [wɛ̃] 소리

J'ai trouvé un coin tranquille. (나는 조용한 구석을 찾았어.)

MISSION 4 끝장 연습

[연습 1] 알맞은 소리를 골라 보세요! (단모음)

아래 단어들을 보고, 괄호 안에 알맞은 소리를 선택하세요.

예시 ami → [a]

1) école → [a / e / o]

2) lune→ [i / o / y]

3) livre → [i / u / e]

4) rose → [a / o / y]

5) ami → [a / e / o]

[연습 2] 복합모음을 보고 단어를 맞춰 보세요!

힌트를 보고 어떤 단어인지 맞춰 보세요.

1) [wa] + '나' → ______________________

2) [ø] + '불' → ______________________

3) [wɛ̃] + '작은 공간' → ______________________

[연습 3] 복합모음 집중 퀴즈

보기 중 [wa] 소리를 포함한 단어를 모두 고르세요. (복수 정답 가능)

□ voiture □ château □ moi □ beau □ froid

→ [wa] 소리를 포함한 예문을 하나 적어 보세요.

____

[연습 4] 비모음 찾기 : ([ɑ̃], [ɛ̃], [ɔ̃], [œ̃])

다음 문장에서 비모음을 찾아보고, 어떤 소리인지 적어 보세요.

1. Il boit du vin blanc.

→ ______________________________

2. La maison est grande.

→ ______________________________

3. Un brun parfum flottc dans l'air.

→ ______________________________

4. J'ai trouvé un coin tranquille.

→ ______________________________

MISSION 5

자음은 왜 끝에서 자꾸 사라지나요?

▶ "프랑스어 자음은 '상황 따라 변신'하는 존재!"

자음의 특성은?

| 프랑스어는 대부분의 단어 끝 자음이 발음되지 않아요.

| 단어가 연결되거나, 특정 자음 조합이 올 땐 예외가 생겨요.

① 끝까지 살아남는 자음이에요: c, r, f, l

TIP 프랑스어에서는 대부분 단어 끝 자음이 소리 나지 않아요.
하지만 r, f, l, c는 예외예요! 끝까지 자기 소리를 내요.

기억 꿀팁: 'careful'이라고 외우면, 기억하기 쉬워요!

MP3를 듣고 연습해 보세요.

- *Il prend un sac.* (그는 가방을 든다.)
  ➔ sac [sak] : 끝 c 소리

- *Il est acteur.* (그는 배우다.)
  ➔ acteur [aktœʁ] : 끝 r 소리

- *C'est un chef.* (그는 요리사다.)
  ➔ chef [ʃɛf] : 끝 f 소리

- *Je lis un roman nul.* (나는 재미없는 소설을 읽는다.)
  ➔ nul [nyl] : 끝 l 소리

② "L" 듣다 보면 사라져요? 엘·이·묵음 대소동!

TIP 프랑스어의 L, 한국어 'ㄹ'이랑 같다고 생각했다면 오해예요! 모음이랑 만나면 '이'처럼 바뀌거나, 아예 사라질 때도 있어요. **변신의 귀재, L!**

L 발음 조합 정리표

조합	발음	예제 단어	발음 요령
ail(le)	[aj]	travail (일), paille (짚)	[아이]
eil(le)	[ɛj]	bouteille (병), sommeil (잠)	[애이]
euil(le)	[œj]	fauteuil (안락의자), œil (눈)	[왜이]
ouil(le)	[uj]	nouille (국수), grenouille (개구리)	[우이]
ill (자음 뒤)	[ij]	famille (가족), fille (딸)	[이이]

발음포인트

- ail [aj] : '아'를 살짝 터뜨리고 '이'로 연결
- eil [ɛj] : '애'를 내면서 '이'로 부드럽게
- euil [œj] : '왜' 소리를 오므리고 '이'로 연결
- ouil [uj] : '우'를 짧게 하고 '이'로 연결
- ill [ij] (자음 뒤) : '이' 소리로 부드럽게 연결 (예: famille [famij])

MP3를 듣고 연습해 보세요.

• [aj] 소리 (ail)

Je travaille tous les jours. (나는 매일 일한다.)

• [ɛj] 소리 (eil)

La bouteille est pleine. (병이 가득 차 있다.)

• [ɛj] 소리 (eil)

J'ai sommeil. (나 졸려.)

• [œj] 소리 (euil)

Il a un fauteuil rouge. (그는 빨간 안락의자를 가지고 있다.)

• [uj] 소리 (ouil)

Je mange des nouilles. (나는 국수를 먹는다.)

• [ij] 소리 (ill)

Ma fille est très gentille. (내 딸은 매우 친절하다.)

③ 발음이 변해요! 주의해야 할 자음 조합이에요.

TIP "자음의 조합에 따라 소리가 전혀 달라져요!"

눈으로 보기 전에, 귀로 먼저 익혀야 실전에서 당황하지 않아요!

주의 자음 조합 정리표

조합	발음	예시 단어	발음 요령
ch	[ʃ]	chocolat (초콜릿) chaud (따뜻한)	입술을 둥글게 모으고 '[쉬]~' 소리 내기
gn	[ɲ]	champagne (샴페인) mignon (귀여운)	'[뉴]' 소리처럼 코 울리게 발음 (스페인어 ñ' 느낌)
ph	[f]	photo (사진) philosophie (철학)	[에프]로 발음 – 영어와 같음
qu	[k]	quatre (4) question (질문)	u는 소리 안 나고, '[끄]'로 발음
ti	[ti] [tj] (특정 경우)	question (질문) amitié (우정)	[띠] 발음 : "씨"보다는 "[찌/치]"에 가까워요

🎧 MP3를 듣고 연습해 보세요.

• [ʃ] 소리 (ch) :

Le chocolat chaud est bon. (핫초코는 맛있어요.)

• [ɲ] 소리 (gn) :

Il boit du champagne. (그는 샴페인을 마신다.)

• [f] 소리 (ph) :

La photo est jolie. (사진이 예뻐요.)

• [k] 소리 (qu) :

Quatre enfants arrivent. (네 명의 아이들이 도착해요.)

• [tj] 소리 (ti) :

Je pose une question. (나는 질문을 한다.)

MISSION 5 끝장 연습

[연습 1] 끝까지 살아남는 자음 찾기

다음 단어 중 끝 자음이 실제로 발음되는 것만 골라 보세요.

1) sac
2) bras
3) chef
4) toit
5) portail

정답: ________, ________

[연습 2] L이 사라지거나 변신한 단어는?

다음 발음 중 L이 'ㄹ' 소리가 아닌 것은 무엇일까요?

a) travail [travaj]
b) soleil [sɔlɛl]
c) bouteille [butɛj]
d) mouillé [muje]
e) ciel [sjɛl]

정답: ________, ________, ________, ________

[연습 3] 빈칸에 들어갈 자음 소리를 써 보세요.

아래 문장에서 밑줄 친 단어의 자음 조합 발음을 적어 보세요.

1) Le <u>ch</u>ocolat est chaud. ➤ ch : ______________

2) Il boit du champag<u>n</u>e. ➤ gn : ______________

3) La <u>ph</u>oto est jolie. ➤ ph : ________________

4) Je pose une ques<u>ti</u>on. ➤ ti : _______________

5) <u>Qu</u>atre enfants arrivent. ➤ qu : ______________

[연습 4] 자음 변신! 문장 만들기

다음 단어 중 하나를 골라서 짧은 문장을 만들어 보세요.

예시 "photo" → J'aime la photo.

- chocolat
- fille
- question
- sac

내 문장. ____

MISSION 6

연음 & 연결음, 어떻게 이어지나요?

프랑스어 리듬은 이걸로 완성된다 – 연음 + 연결음!”

연음 및 연결음의 특성은?

| 프랑스어는 끊지 않고 부드럽게 이어 말하는 흐름의 언어예요.

| 프랑스어의 리듬을 익히려면, 연음과 연결음을 꼭 연습해야 해요.

① 연음, 떨어질 수 없는 사이, 자음과 모음

- 프랑스어 리듬의 핵심이에요! 원래는 소리 나지 않던 끝 자음이, 모음(무음 H 포함)으로 시작하는 다음 단어와 만나면서 발음되는 현상.

언제? 발음되지 않는 끝 자음 + 모음(h 무음 포함)

연음과 사회 문화적 맥락은?

연음은 단순히 음성 규칙에만 국한된 것이 아니라, **말하는 사람의 말투, 사회적 지위, 공식성, 상황의 격식** 등과도 밀접한 관련이 있습니다.

연음을 하면...

- **공식적이고 세련된 느낌**을 줄 수 있습니다.
- **문어체(langue écrite), 격식체(registre soutenu) 상황**에서 자주 요구되며, 듣기 시험이나 공적인 연설에서는 반드시 필요해요.

연음을 하지 않으면...

- **좀 더 구어체, 친근한 말투**, 또는 **비격식적인 느낌**을 줄 수 있어요.
- 하지만 연음이 **발생해야 할 자리에 누락되면, 비문처럼 들릴 수 있어 오해**가 생길 수도 있습니다.
- *vous avez* → [vu.z‿a.vɛ]라고 안 하면, 문장이 끊겨 어색하게 들립니다.

결론적으로

연음은 **단순한 소리 규칙**을 넘어서, **화자의 언어 수준과 사회적 맥락을 드러내는 문화적 요소**예요.

1. 연음이 반드시 발생하는 경우

구분	예시	발음 요령
관사 + 명사	des arbres	[데‿자흐브르]
관사 + 형용사	un autre livre	[어‿노트흐 리브흐]
형용사 + 명사	un petit ami	[엉 쁘띠‿따미]
주격인칭대명사 + 동사	vous avez	[부‿자베]
동사 + 주격인칭대명사	ils ont elles ont	[일‿종] [엘‿종]
동사 + 주어 속사	je suis étudiante elle est heureuse	[쥬 스위‿제뛰디앙뜨] [엘 레‿때후즈]
부사 또는 전치사 다음	très important chez elle	[트헤‿장뽀흐땅] [쉐‿젤]
관용어 및 복합어	de temps en temps Champs-Élysée	[드땅‿장땅] [샹‿젤리제]
접속사 quand, 관계대명사 dont 뒤에서	quand il pleut dont il est content	[깡‿띨 쁠루] 동‿띨‿레 꽁땅]

2. 연음이 금지되는 경우

구분	예시	발음요령
유음 h로 시작하는 단어 앞	les haricots	레 아히꼬
수형용사 + huit/onze/cent	ils sont huit	일 쏭 위뜨
단수명사 + 형용사	sujet amusant	쉬제 아뮈장
접속사 et 뒤	allume et éteint	알륌므 에 에땅

의미상 연결 없는 말 사이	allez-vous à pied ?	알레 부 아 삐예
쉼표나 마침표 등 문장부호	très petit, et elle est	트헤 쁘띠, 에 엘레
oui 앞에서	petit oui	쁘띠 위
의문부사 + 도치된 est-il	Comment est-il ?	꼬망 에 띨

3. 연음이 선택적으로 발생하는 경우

구분	예시	설명
동사 + 속사(명사/형용사)	Je suis un homme / Il est élevé	격식체, 문어체에서 권장
도치 의문문에서의 조동사 + 대명사 + 과거분사	Sont-elles allées ?	문어체에서는 연음 가능, 회화에서는 생략 경향

왜 선택적일까?

- 감정을 강조하려고 일부러 끊어서 말하기도 해요.

- 문장이 복잡할 때는 소리를 잇기보다는 의미 전달을 더 중요하게 여겨요.

- 말의 속도나 자연스러움에 따라 연음은 유연하게 적용돼요.

4. 연음 시 자음 발음 변화

원래 자음	연음 시 변화	단어 조합	발음요령
d	[t]	grand arbre	그랑‿따흐브흐
f	[v]	neuf ans	놰‿방
s, x, z	[z]	six hommes	시‿좀므

특수 발음 예시

단어 조합	발음 흐름	발음 요령
plein air	[plɛn‿ɛʁ]	쁠래‿내흐
bon auteur	[bɔn‿otœʁ]	보‿노때흐
ancien ami	[ɑ̃.sjɛn‿ami]	앙씨예‿나미

② 연결음, 자연스럽게 이어지는 발음의 다리

- 프랑스어 리듬을 살리는 또 하나의 핵심!
- 소리 나는 자음이 다음 단어의 모음과 이어지면서,
  말이 부드럽게 붙는 현상을
  '연결음(Enchaînement)'이라고 해요.

언제? 발음되는 끝 자음 + 모음(h 무음 포함)

연결음과 사회 문화적 맥락은?

| 연결음은 그냥 발음 규칙이 아니라, 프랑스어를 자연스럽고 세련되게 말하는 중요한 요소예요!

| 언제 어떻게 연결할지는 사회적 분위기나 말하는 상황, 리듬에 따라 달라져요.

③ 쓱 이어지면 연결음, 규칙 따라오면 연음

연음과 연결음, 듣기엔 비슷해도 태생이 다릅니다.

둘 다 소리가 부드럽게 이어지지만, 구분의 핵심은 소리가 아니라 문법 규칙에 있어요.

결국, **발음의 세계도 '규칙'이냐 '감각'이냐의 싸움**이죠!

정확한 구분 기준: 문법적 유무 + 자음의 지위

항목	연음 (liaison)	연결음 (enchaînement)
문법 규칙	있음 (강제)	없음 (자연스러움)
자음의 원래 상태	무음 자음이 발음됨	발음되던 자음이 이어짐
예시	vous‿avez, petit‿ami	est‿ici, Il‿est
중요도	시험·문어체 중요	자연 발화에 중요

결정적 차이점 정리

- **연음(liaison)은 마치 설계도대로 벽돌을 쌓는 것처럼, 정해진 자리에만 나타나요.**
  소리 나지 않던 자음이 문법 때문에 살아나서, 꼭 발음해야 할 때가 있어요.
  → 아무 데서나 하는 게 아니라, 규칙이 있을 때만 가능해요.

- **연결음(enchaînement)은 물 흐르듯 자연스럽게 말이 이어지는 소리 현상이에요.**
  원래 소리 나던 자음이 다음 단어와 부드럽게 붙는 건데요,
  → 문법보다는 말의 리듬이나 속도 같은 소리 환경이 중요해요.

est ici 는 왜 enchaînement인가요?

est의 [t]는 보통 무음입니다.
그러나 뒤에 모음으로 시작되는 단어가 오면 부드럽게 이어집니다.
이건 문법적으로 '반드시 발음하라'는 규칙이 없고,
☞ 발화의 자연스러움 때문에 발생하는 연결음(enchaînement)으로 분류됩니다.

MISSION 6 끝장 연습

[연습 1] Liaison(연음)이 발생하는 부분에 밑줄을 그어 보세요.

1. Ils ont une maison.

2. Nous aimons la musique.

3. Les enfants sont sages.

4. Vous avez un petit ami.

[연습 2] Enchaînement(연결음)이 자연스럽게 이어지는 부분을 표시하세요.

1. Il est ici.

2. C'est un ami.

3. On parle avec elle.

4. Un homme est arrivé.

[연습 3] 다음 중 잘못된 연음 표현을 고르세요.

A. vous‿avez

B. et‿un ami

C. ils‿ont

D. mon‿ami

[연습 4] 다음 문장을 보고 Liaison(L)인지 Enchaînement(E)인지 구분해 보세요.

1. C'est un ami. ________________

2. Nous avons une idée. ________________

3. Il est ici. ________________

4. Elle est allée au marché. ________________

SPÉCIAL

프랑스어 발음, 알고 보면 문화코드?

발음 하나에도, 태도가 드러나요!

1. 프랑스인은 왜 이렇게 R 발음을 세게 할까?

"우리는 목구멍으로 말한다!"

프랑스어의 R은 목젖을 울리는 후두음(uvulaire)으로,

게르만어 영향과 18세기 파리 상류층 발음의 유행에서 비롯됐습니다.

당시에는 이 R 소리가 지적인 상징으로 여겨졌고,

지금도 "파리지앵 같은 세련됨"을 표현하는 수단으로 쓰이곤 해요.

⚠ **지방에 따라 R 발음이 더 부드럽게 굴리는 방식으로 달라질 수 있어요.**

2. 왜 프랑스인은 단어 끝을 안 읽는 걸까?

- 프랑스어는 표기와 발음의 차이가 큰 언어입니다.

- 철자 보존 중심의 문어 문화와, 발음 생략의 구어 리듬이 공존해 왔죠.

- 그래서 단어 끝 자음(s, t, d 등)은 종종 묵음 처리됩니다.

예시 문장

"Le petit grand garçon est très gentil."

👉 [르 쁘띠 그항 가흐쏭 에 트헤 장띠]

발음포인트

petit → 't' 묵음

grand → 'd' 묵음

garçon → 'n'은 비음 처리, ç'는 [s]

est → 't' 묵음

très → 's' 묵음

gentil → 'l' 묵음

3. 배우들이 발음 하나로 사람을 나눈다고요?

"말투 = 정체성"이에요!

– 프랑스 연극학교에서는 발음만으로도 **출신 지역, 사회 계층, 교육 수준**을 유추하는 훈련을 해요.

– 특히 **R 발음의 세기, 모음의 열림/닫힘, 말의 리듬감**은 그 사람의 사회적 배경을 보여주는 **중요한 요소**로 여겨져요.

프랑스어 발음도 '연습하고 교정하는 대상' 입니다.

4. '파리 발음' vs '지방 발음' vs '이민자 발음'

- **파리**: **R**을 깊고 강하게 굴리고, 모음은 짧고 말의 리듬은 빠른 편이에요.

- **남프랑스**: 억양이 부드럽고, 모음이 더 열리고 길게 발음돼요.

- **이민자 커뮤니티**(북아프리카, 서아프리카 등):
억양과 강세가 달라서, **어미에 강세가 실리거나 모음이 더 두드러지게 들려요.**

프랑스어는 세계 29개국 이상의 공용어예요. 발음도 하나가 아닌, 다양한 스펙트럼이 존재합니다.

5. 잘못 발음하면 민망한 프랑스어 TOP 3

① beaucoup [보꾸] vs beau cul [보뀌]

"많이" 말하려다 예쁜 엉덩이라고?!

⚠ **"많이"는 [보꾸], '뀌' 소리 안 납니다!**

② pain [빵] vs pin [빵]

"빵" 사러 갔다가 "소나무" 얘기?!

⚠ **둘 다 비음 [ɛ̃] 발음이지만, 맥락과 강세로 구분해야 해요!**

③ verre [베흐] vs vert [베흐]

"물 한 잔 주세요" 했더니, "초록색이요?"

⚠ **[vɛʁ]로 소리는 같지만, 관사와 문맥에 따라 뜻이 달라져요!**

MISSION 1-6 끝장연습

정답지

MISSION 1

연습 1

각자 느낀 발음의 느낌을 자유롭게 체크해보세요.

연습 2

각자 느낀 발음의 느낌을 자유롭게 체크해보세요

연습 3

각자 느낀 발음의 느낌을 자유롭게 체크해보세요

연습 4

각자 느낀 발음의 느낌을 자유롭게 체크해보세요

MISSION 2

연습 1

G-b / C-c / K-a / H-d / A-e

연습 2

examen → [gz]
six → [s]
deuxième → [z]
taxi → [ks]

연습 3

café → [k]
cent → [s]
garçon → [s]

연습 4

été → [e]

mère → [ɛ]

petit → [ə]

MISSION 3

연습 1

Tu veux ou tu veux pas ? → (✔) 또는

Où est mon livre ? → (✔) 어디

연습 2

été → ③ étudier

mère → ④ fête

Noël → ① naïf

garçon → ④ reçu

연습 3

été → é → accent aigu

mère → è → accent grave

fête → ê → accent circonflexe

Noël → ë → tréma

garçon → ç → cédille

연습 4

각자 느낀 발음이 느낌을 자유롭게 서술해부세요.

MISSION 4

연습 1

1. école → [e]
2. lune → [y]
3. livre → [i]
4. rose → [o]
5. ami → [a]

연습 2

[wa] + '나' → moi

[ø] + '불' → feu

[wɛ̃] + '작은 공간' → coin

연습 3

[wa] 소리 포함 단어 → voiture, moi, froid

예문: Il fait froid ce matin.

연습 4

Vin, blanc. → [ɛ̃], [ɑ̃]

Maison, grande. → [ɔ̃], [ɑ̃]

Un, brun, parfum, dans → [œ̃], [œ̃], [œ̃], [ɑ̃]

Un coin, tranquille. → [œ̃], [wɛ̃], [ɑ̃]

MISSION 5

연습 1

sac, chef

연습 2

a (travail), b (soleil), c (bouteille), d (mouillé)

연습 3

ch → [ʃ]

gn → [ɲ]

ph → [f]

ti → [tj]

qu → [k]

연습 4

Je veux un chocolat chaud. / J'ai une fille. / C'est mon sac. / J'ai une queston.

MISSION 6

연습 1

1. Ils‿ont une maison.
2. Nous‿aimons la musique.
3. Les‿enfants sont sages.
4. Vous‿avez un petit‿ami.

연습 2

1. Il‿est‿ici.
2. C'est‿un‿ami.
3. On parle avec‿elle
4. Un homme est‿arrivé.

연습 3

B. et‿un ami ✕ (et는 연음 안 됨)

연습 4

1. C'est_(E) un_(L) ami
2. Nous_(L) avons une_(L) idée
3. Il_(E) est_(E) ici
4. Elle_(E) est_(L) allée au marché

이 책은 단순히 소리를 흉내 내는 연습이 아닙니다.
프랑스어 발음에 담긴 문화적 의미까지 함께 짚어보며,
'왜 그렇게 발음하는지', '그렇게 말하면 어떻게 들리는지'까지
알아갑니다.
프랑스인처럼 자연스럽게 말하고 싶은가요?
그렇다면 단어 끝 자음 하나도 허투루 넘기지 마세요.
이제, 발음을 넘어 태도와 리듬까지 익히는 여정이 시작됩니다.

Un jour, un pas de français

프랑스어, 가볍게 한입시리즈

1. 프랑스어 발음, 혀가 춤추게

초판 1쇄 발행 _ 2025년 8월 20일

저　　자 • 김 명 희
발 행 인 • 정 현 걸
발　　행 • 신 아 사
인　　쇄 • 부건애드
출판등록 • 1950년 1월 5일 (제9 52호)
주　　소 • 서울특별시 은평구 통일로 59길 4 (2층)
전　　화 • 02)382-6411 • 팩스 02)382-6401
홈페이지 • www.shinasa.co.kr
E-MAIL • shinasa@daum.net

ISBN 979-11-7342-102-0(03760)

정가 12,000원